글쓴이 김성은

사람을 만나고 돌아오면 그 사람에게 들은 말보다 내가 한 말 때문에 마음이 쓰이곤 해요.
'그 말은 괜히 했나?', '내 말을 오해하지는 않겠지?', '그냥 좀 참을걸…' 이러면서요.
나부터 소통을 잘하는 사람이 되고 싶어서 이 책을 썼습니다.
그동안 《우리 땅 기차 여행》, 《한강을 따라 가요》, 〈토토 지구 마을〉 시리즈들을 기획했고,
《열두 달 지하철 여행》, 《지도 펴고 세계 여행》, 《우리 땅 노래 그림책》, 《마음이 퐁퐁퐁》,
《바람숲 도서관》, 〈같이 사는 가치〉 시리즈 들에 글을 썼습니다.

그린이 김진희

시각 디자인을 공부한 뒤 광고 디자이너로 일했습니다. 2016년 《마법 식당-나와라 황금똥!》으로
제1회 비룡소 캐릭터 그림책상 우수상을 받았고 《유령 잡는 안경》, 《마녀 라나, 친구를 찾다》,
《알록달록 색깔 음식》을 쓰고 그렸습니다. 그밖에도 《떨어져라, 떨어져, 찰딱폰》,
《신나는 열두 달 글쓰기 놀이》, 《초등학교 1학년 우리말 우리글》, 《장미꽃이냐, 할미꽃이냐》,
《야차, 비밀의 문을 열어라!》를 비롯한 여러 어린이책에 그림을 그렸습니다.

인스타그램 @cosmochild79
블로그 blog.naver.com/cosmochild

소통 씨는 잘 통해!

ⓒ 김성은·김진희, 2017
초판 1쇄 발행 2017년 8월 29일 | 초판 4쇄 발행 2022년 8월 25일
펴낸이 임선희 | 펴낸곳 ㈜책읽는곰 | 출판등록 제2017-000301호
주소 서울시 마포구 성지1길 43 | 전화 02-332-2672~3 | 팩스 02-338-2672
홈페이지 www.bearbooks.co.kr | 전자우편 bear@bearbooks.co.kr | SNS twitter@bearboook
ISBN 979-11-5836-052-8, 979-11-5836-043-6(세트)

만든이 우지영, 김나연, 최아라, 연혜진, 곽지원 | 꾸민이 하늘·민, 신수경, 김지은, 김세희 | 가꾸는이 정승호, 고성림, 전지훈,
김수진, 백경희, 민유리 | 함께하는 곳 이피에스, 두성피앤엘, 월드페이퍼, 해인문화사, 으뜸래핑, 도서유통 천리마

이 책은 저작권법에 따라 보호받는 저작물이므로 무단 전재와 무단 복제를 금합니다.
이 책 내용의 전부 또는 일부를 사용하시려면 반드시 저작권자와 출판사의 동의를 얻어야 합니다.

소통 씨는 잘 통해!

김성은 글 · 김진희 그림

안녕? 반가워.
나는 술술 잘 통하는
소통 씨야!

사람은 깨어 있는 내내 무언가를 생각해.

골똘히 **궁리하고**

지난 일을 **떠올리고**

요모조모 **따져 보고**

앞으로 일을 **계획하고**

어떤 일에 대한 **의견과 느낌을 갖지.**

때로는 다른 사람과 생각을 나누기도 해.

가수 보니 누나가 덫에 걸린 길고양이를 구했다는 뉴스 봤어?

응, 고양이를 싫어하는 사람이 놓은 덫이라며? 정말 끔찍해.

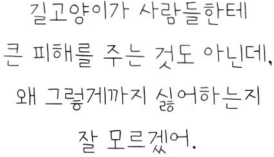

길고양이가 사람들한테 큰 피해를 주는 것도 아닌데, 왜 그렇게까지 싫어하는지 잘 모르겠어.

사실 나도 고양이가 좀 무섭긴 해.

한밤중에 시끄럽게 울고, 쓰레기를 마구 헤집어 놓는다고 싫어하는 사람도 있더라고.

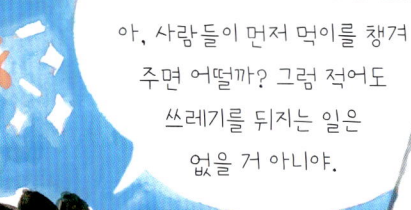

아, 사람들이 먼저 먹이를 챙겨 주면 어떨까? 그럼 적어도 쓰레기를 뒤지는 일은 없을 거 아니야.

그래서 길고양이 급식소라는 게 생겼대. 우리 동네에도 한 군데 있는 것 같더라고.

세상에는 여러 가지 소통이 있어.

소통은 사람과 사람을 이어 줘.

소통하면 상대방이 어떤 생각을 하는지 알 수 있어.

나와 닮은 점은 무엇이고, 다른 점은 무엇인지도 알 수 있지.

그런데 소통은 쉬울까? 어려울까?

엄마는 도저히 말이 안 통해!

오빠랑은 말만 하면 싸움이 나.

친구가 내 마음을 몰라줘.

선생님은 내 말을 듣지도 않아!

이런 태도라면 소통이 될 리 없어.

무조건 우기기

얕잡아 보기

비아냥대기

일방적으로 떠들기

선입견과 편견은 소통을 가로막는 높은 벽이야.

소통을 잘한다는 건 도대체 뭘까?

모두 아니야!
소통은 주고받는 거야.
마음을 열어 상대방의 말을 들어 주고,
진심을 담아 내 생각을 말하는 거란다.
너도 진심이 통하는
소통을 하고 싶다고?

 소통 연습 ❶ # 먼저 다가가 말 걸기

> 너, 부산에서 전학 왔다며?
> 나도 외갓집이 부산이라 자주 가는데.
> 너는 어느 동네 살았니?

말 걸기는 소통의 시작이야.
누군가와 소통하고 싶다면, 먼저 다가가 말을 걸어 보렴.
그 사람이 관심을 가질 만한 이야기로 시작하면
더할 나위가 없겠지?

소통 연습 ② 잘 듣고 적절히 반응하기

상대방 말을 귀담아듣는 건 그 사람을 존중한다는 표시야. 소통을 잘하는 사람은 말을 잘하기보다 잘 듣는 사람이란 걸 잊지 마!

지하철역 앞에 새로 생긴 마트 알아? 어제 엄마랑 거기 갔거든….

장난감 코너에 내가 좋아하는 엑스버그가 있더라. 사 달라는 말은 못 하고 구경만 하고 있는데 말이야….

무슨 장난감이라고? 못 들었어. 미안하지만 다시 말해 줄래?

눈을 바라보며 주의 깊게 듣기　　　　　　　　　못 들었을 때는 솔직히 말하기

'웃기는 춤 대회'에서 일등 하면 엑스버그를 준다는 거야.

그래서? 너도 나갔어?

그럼. 일등 해서 엑스버그 스파이더를 받았지!

이야, 멋지다! 정말 축하해!

즐겁게 맞장구치기　　　　　　　　　자연스럽게 스킨십 하기

소통 연습 ❸ 마음의 벽 허물기

소통은 주고받는 거라는 말, 잊지 않았지?
어느 한쪽만 만족하면 제대로 된 소통이라고 할 수 없어.
서로 마음이 통하고 뜻이 통해야 진정한 소통이란다.

서로에게 관심 가지기

속마음 읽어 주기

다른 점을 인정하고 받아들이기

상대방의 처지를 살피고 배려하기

소통 연습 ④ 이럴 땐 이렇게!

누군가와 진심으로 소통했을 때, 넌 어떠니?

둘 사이에 '찌릿' 하고 전기가 통하는 것 같았어. 전보다 더 가까워진 기분이야.

속마음을 털어놓았더니 후련해. 그동안 쌓인 감정도 다 풀렸어.

그동안 가졌던 생각이 바뀌고, 세상이 새롭게 보였어.

계속 얘기를 나누고 싶었어. 같은 얘기를 되풀이해도 지루하기는커녕 재미있기만 했어.

사람은 혼자 살아갈 수 없어.
날마다 누군가와 관계를 맺으며 살아가야 하지.
이런 관계를 이루는 바탕이 바로 소통이야.
진심 어린 소통은
사람과 사람 사이를 더 가깝게 만들어 주고,
서로에게 도움이 되는 길을 찾게 해 준단다.

진정한 소통은 오해를 풀고 갈등을 해결해 줘.

🌳 아주 특별한 소통 이야기 • 하나

광화문 광장이 생기기 전 세종로에는 아름드리 은행나무들이 줄지어 서 있었단다. 가을이면 노랗게 물든 은행잎이 시민들의 눈을 즐겁게 해 주었지. 그런데 도로 가운데 광장을 만들기로 하면서 은행나무를 둘러싸고 갈등이 생겼단다.

서울시
일제 강점기 때 일본이 우리 민족의 정기를 꺾으려고 심은 나무들이므로 이제라도 다 베어 내야 합니다.

환경 단체
대기 오염이 심각한 대도시에서 백 년 가까이 된 나무를 베어 없애는 건 옳지 않습니다. 그리고 나무가 무슨 죄입니까!

은행나무를 살리자!

양쪽 입장이 팽팽하게 맞서자 누군가 제안했어.
"시민들에게 양쪽 입장을 충분히 알린 뒤,
여론 조사로 의견을 물어봅시다."
과연 시민들은 어느 쪽의 손을 들어주었을까?
오랜 세월 세종로를 지켜 온 이 은행나무들은
시민들에게 친숙하고도 특별한 존재이니
되도록 살리자는 의견이 많았대.
그래서 스물아홉 그루가 고스란히 세종로 옆
시민열린마당과 정부중앙청사로 옮겨졌단다.

진정한 소통은 다툼을 멈추고 평화를 가져와.

흥, 형이면 다야? 이제부터 형이라고 부르지도 않을 거야.

어쭈, 이게 동생이라고 봐주니까 까불고 있어. 네가 좀 맞아야 정신을 차리지?

어휴. 이대로는 안 되겠다! 여기 '소통 상자'를 만들었으니까, 서로 하고 싶은 말을 종이에 써서 넣어 봐. 일주일 뒤 일요일에 꺼내서 함께 읽어 볼 거야.

내 친구들이 놀러 왔을 때 형이 나를
'방구'라고 불러서 진짜 화났어.
친구들이 막 놀렸단 말이야!

생일 선물로 받은 샤프를 네가
몰래 가져가서 잃어버리는 바람에
친구한테 얼마나 미안했는 줄 알아?

텔레비전 한참 재미있게 보고 있는데,
형이 시끄럽다고 확 꺼 버려서 속상했어.
그거 보려고 일주일이나 기다렸는데….

내가 좋아하는 피자를 한 조각도
안 남기고, 네가 다 먹어 버려서 진짜 서운했어.
나도 먹고 싶었는데….

지난번에 2천 원 빌려 간 거
왜 아직 안 줘?
나도 살 거 있단 말이야.

네가 먼저 약 올려서 툭 쳤는데,
때렸다고 울고불고 난리 쳐서
나만 엄마한테 무지 혼났잖아.

동민이가 많이
속상했겠네. 내가
형인데 너무했어.

나도 형한테
잘못한 게 많네.
사과해야지.

이거
빌려 간 돈.
늦게 줘서
미안해.

이제부터
형 물건 마음대로
가져가지 않을게.

아주 특별한 소통 이야기 · 둘

전쟁이 한창인 아프리카 콩고 민주 공화국에
'무르하바지 나메가베'라는 선생님이 있었단다.
하루는 어머니들이 학교에 몰려와 울음을 터뜨렸어.
군인들이 마을에 들이닥쳐 아이들을 잡아갔다는 거야.
아이들을 소년병으로 만들어 전쟁에 내보낼 거라면서 말이지.
나메가베는 그길로 군인들이 있는 산속 캠프를 찾아갔어.

아이들을 집으로 돌려보내
주세요. 아무것도 모르는 아이들을
소년병으로 만드는 것은 나라와
민족을 망치는 길입니다.

겁도 없이 여기를
찾아와 그런 소리를 하다니!
당장 우리 병사가 되거나,
아니면 목숨을 내놓아라.

그래서 나메가베가 포기했느냐고?
그럴 리가! 군인들을 설득하고 또 설득했지.
그러자 군인들 사이에서도 열띤 토론이 벌어졌어.
나메가베를 죽여야 한다는 의견도 있었지만,
나메가베의 생각이 옳다는 의견이 더 많았어.
덕분에 아이들은 모두 무사히 집으로 돌아갈 수 있었지.
이렇게 나메가베는 20년 동안 8천 명이 넘는
어린이를 구해 냈고, 그 일로 2011년
세계 어린이 상을 받았단다.

> 새로운 국가의 미래를 생각한다면 아이들을 군인으로 만들기보다 좋은 교육을 받게 해야 하지 않겠습니까?

소통은 활짝 열린 창과 같아!

창을 열면 바람이 솔솔 통하듯
소통을 하면 생각이 술술 잘 통하니까 말이야.
생각이 통하면 마음이 이어지고,
마음이 이어지면 친구가 될 수 있단다.